LA

QUESTION ALGÉRIENNE

LA
QUESTION ALGÉRIENNE

PAR

M. ADOLPHE LAMBERT.

***

PARIS

E. DENTU, LIBRAIRE-ÉDITEUR,

PALAIS-ROYAL, 13 ET 17, GALERIE D'ORLÉANS.

—

1863

LA

QUESTION ALGÉRIENNE

I.

La colonisation algérienne est en ce moment aux pieds de l'Empereur, un genou en terre et les mains jointes.

Suppliante et non révoltée, alarmée mais confiante, elle implore et croit mériter la haute sollicitude du Chef de l'État.

Sire, dit-elle, il y a à peine trente-deux ans que le drapeau de la France flotte sur les rives africaines, et déjà, abritée sous ses plis glorieux, j'ai effectué un mouvement commercial qui, parti du chiffre de 7,365,000 fr., s'élève à 165,694,216 fr. par année !

La métropole a dû me nourrir au début de mon installation, mais voici que je produis annuellement 13 millions d'hectolitres de grains, et je puis désormais remédier à ses disettes.

Regardez mes côtes se développer en face de la France, et, pour ainsi dire, à la portée de sa main, sur une étendue de près de trois cents lieues ! Voyez mes golfes que le commerce antique emplit de mouvement, de richesse et de renommée, et ne dédaignez pas mes bancs de corail, car ils peuvent alimenter et enrichir toute une flotte nationale de ce qu'ils donnent aujourd'hui à l'exploitation étrangère !

J'ai des terres arables d'une fertilité inouïe, des plaines irrigables qui fourniront à l'industrie métropolitaine le coton dont l'absence la désole aujourd'hui, d'immenses pâturages où se résoudront les questions intéressantes de la production de la viande et du cheval de guerre, des chênes-liége qui, par l'exploitation et la manipulation des produits, doubleront le chiffre actuel de la population française, rapporteront annuellement en salaires et profits 85 millions de francs, et quadrupleront l'importance des exportations, des futaies de chênes-zèen et de cèdres, où notre commerce trouvera les bois d'œuvre qu'il va aujourd'hui chercher à l'étranger, des oliviers qui, mis en valeur par la greffe et la culture, rapporteront en moyenne et par an pour plus de 50 millions de francs en huile ; des montagnes qui recèlent dans leurs flancs de l'argent, du plomb, du cuivre, du fer, de l'acier, de l'antimoine, du mercure, des marbres, des granits, des porphyres, en un un mot, d'incommensurables ressources qui sont restées stériles au milieu des conflits d'autorité, des inerties générales, des incertitudes de toutes sortes auxquels j'ai été livrée, et qui n'attendent que les inspirations créatrices et les pensées vivifiantes de Votre Majesté pour germer, s'épanouir, fructifier et porter ma grandeur à la hauteur des destinées de la mère patrie !

Ne considérez pas, Sire, le nombre de mes cités, mais remarquez comme sont prospères celles qui sont bien situées : Alger avec ses grands airs de capitale, et Bône, qui, toute joyeuse d'être riche et toute affolée de son brillant avenir, saute par-dessus ses vieux remparts pour semer dans la plaine ses établissements nouveaux et les villas nombreuses de ses heureux négociants !

Ceux qui trouvent bon que l'Arabe ne laboure qu'à sa guise et stérilise par son insouciance les trois quarts de son territoire, trouvent mauvais que le Français ait encore des terres incultes et ne considèrent pas combien les défrichements opérés lui ont déjà coûté de sang, de sueur et d'or. Ont-ils dit à Votre Majesté, ces faciles détracteurs du progrès, que l'on n'a généralement donné aux Européens que des terres couvertes de broussailles ou de palmiers nains, et qu'au lieu de bâtir les villages au centre des fertiles cultures, on les a échelonnés sur les routes stratégiques, dont l'une des conditions est de rechercher les points élevés, c'est-à-dire de passer précisément là où la pioche et la charrue avaient à rencontrer le plus d'obstacles ? Ils montrent d'un doigt dédaigneux les ruines précoces que j'ai laissées, comme de douloureux lambeaux, aux ronces du chemin que j'ai parcouru, et m'en font presque un reproche. Ah ! qu'ils plaignent plutôt ceux que l'on a forcés de bâtir avant d'avoir le grain pour vivre et qui sont morts à défricher des broussailles au lieu de trouver une large vie sur des terres cultivables ! qu'ils déplorent que l'on ait voulu employer les plus mous ouvriers de nos cités aux durs labeurs des champs ! Mais, Sire, que Votre Majesté, n'arrête pas trop ses regards sur ces quelques fermes où l'orfraie pleure, sous des toitures

prématurément effondrées, la disparition de ceux qui les ont
construites ; qu'elle daigne chercher ailleurs mon histoire.
Le temps l'a écrite sur le sol en caractères de granit pour
transmettre jusqu'à Vous, à travers les âges, les preuves de
mon antique prospérité ; voyez ces ruines disséminées d'Hip-
pône à l'ancienne Cirta et de la Numidie jusqu'à la Mauri-
tanie ; ce sont les fleurons rouillés de la couronne que je
portais quand j'étais unie au peuple-roi et que je puis ceindre
encore si le génie impérial daigne les enchâsser dans la civilisation et me traiter comme doit l'être la fille du plus grand
et du plus glorieux des peuples modernes !

II.

En effet, le passé de l'Algérie est le gage de son avenir.
Elle peut devenir pour nous ce qu'elle a été pour Rome : le
grenier de l'empire.

Elle doit être surtout un déversoir pour toutes les sur-
abondances nationales, soit comme richesse, soit comme pauvreté.

Comme richesse :

Le capital français, qui prend l'habitude d'aller à l'étranger
exécuter de grands travaux, créer des institutions de crédit,
et qui s'en ira peut-être souscrire demain un gros emprunt
dans un pays où le Vésuve n'est pas le seul volcan qui fume,
a sur la terre désormais française de l'Algérie les plus féconds
éléments de spéculation. Les chênes-liéges, les bois d'œuvre,

les oliviers, les terres à coton, les travaux publics, les emprunts provinciaux, l'industrie et le commerce sollicitent son concours et offrent de larges gains. Là, pas de risques à courir, comme dans les jeunes gouvernements qui trébuchent ou les vieux qui s'effondrent, mais sécurité complète; car le sort de la colonie est lié à celui de la métropole, et tout ce que celle-ci a de rassurant dans le génie du souverain, la sagesse du peuple, la bonté des lois, l'autre l'a également. Ajoutons que, tout en travaillant à son propre profit, le capital qui opérera en Algérie travaillera par contre-coup au profit de l'Etat et de la fortune publique.

Comme pauvreté :

Les théories insensées, les projets subversifs, les agitations de la rue sont les résultats de la misère. Ouvrez en Algérie, aux intelligences ardentes, aux bras inoccupés, aux vaincus tombés en France sur le champ de bataille de la concurrence industrielle, un horizon indéfini de prospérités, et ils vivront heureux là-bas tandis que nous vivrons tranquilles ici. *Mens sana in corpore sano.*

III.

Le progrès colonial a été entravé par les incertitudes ; les solutions lui ouvriront carrière. Saluons donc avec autant de reconnaissance que de respect la lettre impériale qui promet à l'Algérie une constitution dont le premier objet est de régler la propriété du sol.

L'Empereur eût pu dire aux Arabes :

Je succède aux Turcs, vos maîtres, et à ce titre, comme en vertu de votre loi religieuse, je dispose des terres ; serrez-vous pour en livrer une partie aux vainqueurs. Et les Arabes eussent obéi, car ce peuple possède une qualité qui compense tous ses défauts : c'est le respect de l'autorité.

Le chef de l'Etat a préféré tenir un autre langage ; il a voulu convaincre les Arabes que nous n'étions pas venus en Algérie pour les opprimer, mais pour leur apporter les bienfaits de la civilisation, et il a donné l'ordre de préparer un projet de sénatus-consulte, dont l'article principal sera de « *rendre les tribus ou fractions de tribus propriétaires incommutables des territoires qu'elles occupent à demeure fixe et dont elles ont la jouissance traditionnelle à quelque titre que ce soit.* »

C'est généreux, c'est chevaleresque, c'est bien !

Est-ce à dire qu'une muraille de Chine va s'élever entre le territoire indigène et celui de la colonisation, et que l'élément européen, arrêté dans son développement, demeurera si inférieur à l'élément arabe que sa sécurité en sera menacée ?

Les colons l'ont cru.

Oh ! certes, si l'on devait s'en tenir à la propriété collective, les colons auraient raison de s'alarmer.

Convaincus, par trop d'exemples, que presque partout où la France a semé la générosité, elle ne moissonne que l'ingratitude, ils comptent peu sur la reconnaissance que la gracieuseté de l'Empereur devrait nous mériter de la part des Arabes. Ils savent qu'aux yeux de ces éternels ennemis de la religion catholique, les chrétiens ne sont que des *chiens*, *fils de chiens*, et ils craignent que leurs chefs, fortifiés dans leur despotique omnipotence par l'indivision des terres, soulèvent contre eux cette race guerrière et fanatique, soit au nom de la foi mahométane, soit à l'instigation d'une puissance rivale, quand ils croiront le moment venu de faire parler la poudre. Telle est, à notre avis, la cause de cette émotion soudaine qui vient de se répandre dans la colonie comme une traînée de feu et dont la France s'étonne, parce qu'elle ne connaît pas les conditions sociales du pays.

Mais les colons ont mal compris la lettre du souverain. Ils n'ont pas vu, tant ils étaient troublés par leur frayeur prématurée, combien toute cette noble lettre était empreinte de sympathie pour la cause de la colonisation. L'Empereur, selon nous, la sert mieux que qui que ce soit jusqu'à ce jour, parce qu'il la sert par des moyens vrais, pratiques, efficaces. Voyez en effet avec quelle sollicitude il recommande au gouvernement local le soin des intérêts généraux ; comme il lui fait un devoir de supprimer les réglementations inutiles, qui n'ont que trop fait avorter les entreprises ; avec quelle haute intelligence il l'invite à favoriser les grandes associations de capitaux européens, parce que c'est le capital qui est le nerf du progrès, l'initiateur de l'industrie, le germe fécondant et sans lequel toutes les richesses naturelles de cette terre privilégiée demeureraient stériles.

Puis remarquons bien que si l'Empereur veut mettre fin à un état précaire, ce n'est pas pour en créer de pire. « Le » territoire des tribus une fois reconnu, on le divisera par » douaires, ce qui permettra plus tard à l'initiative prudente » de l'administration d'arriver à la propriété individuelle. » Maîtres incommutables de leur sol, les indigènes pourront

» en disposer à leur gré, et, de la multiplicité des transac-
» tions, naîtront entre eux et les colons des rapports journa-
» liers, plus efficaces pour les amener à notre civilisation que
» toutes les mesures coërcitives. »

La propriété individuelle affranchira l'Arabe du joug de ses chefs, l'attachera au sol, l'intéressera à la paix.

La faculté pour l'Européen d'acheter à l'indigène qui voudra vendre ouvre tout le pays à la colonisation, bien mieux que le cantonnement et que les concessions dites gratuites. Dès lors, elle peut prendre de grands développements, et ne plus redouter l'élément indigène.

Voilà la voie, le salut et la vie.

Seulement, — et c'est ici le point capital que, malheureusement, la plupart des organes de la publicité n'ont pas compris, — il importe de ne pas ajourner une mesure empreinte de tant de sagesse et de la décréter par le sénatus-consulte lui-même, sinon l'ajournement replongerait la colonisation dans les incertitudes, et serait pour elle l'atonie et la mort.

Les destinées de l'Algérie sont donc entre les mains de l'Empereur et du Sénat. Qu'ils constituent la propriété individuelle en même temps que la propriété collective, et l'Algérie est sauvée.

Au cas contraire, on verra le soleil éclairer à minuit les amours du lion dans l'Atlas avant que l'opération ne s'accomplisse.

IV.

Si le temps est venu pour l'Algérie de sortir des situations précaires, de rassurer les indigènes, de livrer à l'activité européenne de nouveaux et nombreux éléments, le temps aussi est venu pour la France de se demander si l'Algérie doit être pour elle une cause indéfinie d'épuisement.

N'est-il pas temps de mettre un terme au régime de protection, d'ôter les lisières à ce grand enfant de trente-deux ans que l'on appelle la colonisation algérienne et de lui dire : Marche seule et marche libre.

Mais le moyen ?

Le moyen, c'est l'impôt : l'impôt pour le colon comme pour l'Arabe, l'impôt sur la propriété collective comme sur la propriété individuelle, et atteignant les landes, les pâturages et les broussailles aussi bien que les terres défrichées et cultivables.

Par l'impôt :

Le budget civil et militaire de la colonie s'équilibre ;

Les ressources locales sont créées et permettent d'exécuter les voies de communication, les ports, les barrages et canaux d'irrigation ; en un mot, tous les travaux publics qui doivent contribuer à la prospérité générale ;

Le sol tout entier est mis en valeur par la nécessité pour les détenteurs de le faire produire pour payer, ou de le transmettre, par la vente, à des bras laborieux qui sauront en tirer parti ;

Et la colonie, d'onéreuse qu'elle est aujourd'hui pour la métropole, déversera sur celle-ci les effluves de sa richesse par tous les canaux de son industrie, de son commerce et de son agriculture.

' Ce n'est pas tout. Ouvrez la porte à l'impôt, et le droit commun entrera derrière lui.

Or, le droit commun,

C'est la faculté de répartir les contributions, de voter le budget et les lois, ce qui entraîne forcément l'organisation de la commune, du canton, de l'arrondissement, du département, comme dans la métropole, et le droit d'envoyer des députés au Corps législatif ;

C'est l'apaisement du fatal antagonisme de l'autorité militaire et de l'autorité civile, par l'affranchissement des services publics qui, cessant d'être concentrés dans les préfectures ou divisions militaires, pour recouvrer la plénitude de leurs attributions à tous les degrés et ne plus dépendre que de Directions spéciales à établir auprès du gouvernement d'Alger, à l'instar de celles qui fonctionnent auprès des ministères, offriront aux administrés toutes les garanties de compétence, d'initiative et de contrôle ;

C'est la suppression des entraves ou des charges qui existent à l'importation comme à l'exportation ;

C'est enfin la liberté, comme en France, pour l'industrie et le commerce.

CONCLUSION.

La conciliation de l'intérêt européen et de l'intérêt arabe est posée en principe dans la lettre de l'Empereur et se traduira en fait si le sénatus-consulte dispose qu'en même temps qu'on rendra les tribus propriétaires incommutables des territoires qu'elles occupent à demeure fixe, on constituera la propriété individuelle, et que cette double opération sera sanctionnée pour chaque tribu par un seul et même arrêté rendu par le gouvernement local.

Le droit de vendre et d'acheter permettra à la colonisation de s'agrandir et de se fortifier à un tel point qu'elle n'aura rien à redouter pour sa sécurité.

L'impôt mettra fin aux charges que la France s'impose pour l'Algérie, procurera à celle-ci toutes les ressources dont elle a besoin et lui donnera, par surcroît, le régime du droit commun.

ADOLPHE **LAMBERT**.

Paris. — Typ. L. GUÉRIN, rue du Petit-Carreau, 26.

www.ingramcontent.com/pod-product-compliance
Lightning Source LLC
Chambersburg PA
CBHW051324050726
47595CB00008B/3690